夏炎

　　南开大学历史学院副院长、教授、博士生导师，教育部人文社会科学重点研究基地南开大学中国社会史研究中心副主任，中国唐史学会理事、中国魏晋南北朝史学会理事、中国敦煌吐鲁番学会理事、天津市历史学学会监事长。入选南开大学"百名青年学科带头人培养计划"。

李旻

　　毕业于清华大学美术学院视觉传达设计系，现任中国日报社高级编辑，《中国日报》（海外版）头版插图作者，中央和国家机关青年联合会委员，中国美术家协会会员，中国出版协会装帧艺术工作委员会委员，深圳插画协会（SIA）专业委员，第七、八届全国插画双年展专业评委。

文明史里看中国

手绘中华文明史

夏炎 著 李旻 绘

北京出版集团
北京少年儿童出版社

图书在版编目(CIP)数据

文明史里看中国. 手绘中华文明史 / 夏炎著；李旻绘. —北京：北京少年儿童出版社，2023.3
ISBN 978-7-5301-6441-9

Ⅰ. ①文… Ⅱ. ①夏… ②李… Ⅲ. ①中华文化—青少年读物 Ⅳ. ①K203-49

中国版本图书馆CIP数据核字(2022)第217223号

文明史里看中国　手绘中华文明史
WENMING SHI LI KAN ZHONGGUO　SHOUHUI ZHONGHUA WENMING SHI

夏炎　著

李旻　绘

*

北 京 出 版 集 团
北 京 少 年 儿 童 出 版 社　出版
（北京北三环中路6号）
邮政编码：100120

网　址：www.bph.com.cn
北京少年儿童出版社发行
新 华 书 店 经 销
雅迪云印（天津）科技有限公司印刷

*

889毫米×1194毫米　16开本　5.75印张　200千字
2023年3月第1版　2023年3月第1次印刷
ISBN 978-7-5301-6441-9
定价：68.00元
如有印装质量问题，由本社负责调换
质量监督电话：010-58572171

目录

我们从哪里来——中华文明的曙光　1

文明时代的开启——神秘的夏朝　8

灿烂辉煌的青铜时代——王权与神权合一的商朝　10

分封制与宗法制的文明时代——礼乐治国的西周　16

百家争鸣的文明时代——变革求新的春秋战国　18

统一文明的诞生——大一统的秦朝　26

丝路文明的开端——繁荣昌盛的汉朝　34

异彩纷呈的文明时代——文化交融的魏晋南北朝　44

万国来朝的盛世——开放包容的隋唐　48

科技文明的高峰——民族融合的宋、辽、西夏、金、元　56

走向世界的中华文明——经济文化繁荣的明朝　66

中华文明的转折点——由盛而衰的清朝　72

中华文明再出发——辛亥革命的浪潮　76

这些文物收藏在哪些博物馆里？　78

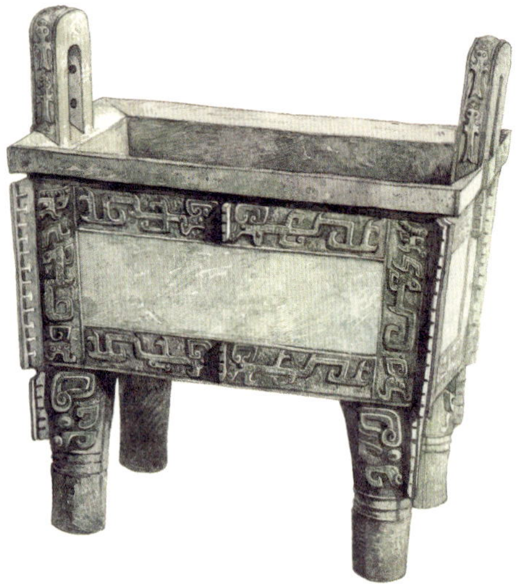

· 我们从哪里来 ·

中华文明的曙光

北京人的打制石器、半坡人的彩陶工艺、依山傍水的聚落生活，是先民点亮的文明曙光。炎帝和黄帝是中华文明的初祖，尧舜禹时代是治世典范，征服自然的神话孕育着无穷力量。从考古发现到神话传说，中华五千年文明的画卷由此展开。

走向文明

走进博物馆，我们会看到来自远古时代的各种物件，它们虽然简单粗糙，却是中华文明的源头。从元谋人、蓝田人、北京人，再到丁村人、山顶洞人，我们的祖先在漫长的岁月中，一步一步走向文明。彩陶上刻画的简单符号，也许就是汉字最早的雏形。人们从事农业生产、饲养家畜、使用石器，大江南北的聚落构成了一幅幅和谐的生活画面。

工具的制造
北京人很聪明，他们已经会制造工具了。他们把石块打制成各种石器。这些工具虽然很粗糙，却是人类迈进文明的重要一步。

火的使用
北京人能用天然火取暖，并用火来防御野兽的袭击。火的使用，让他们吃到了烤熟的食物，身体更健康。

谁是北京人
因为他们的化石是在北京西南的周口店被发现的，所以被称为北京人。除了北京人，我们的祖先还有元谋人、蓝田人、山顶洞人，他们代表了史前人类的各个发展阶段。距今3万年以前的山顶洞人，已经和我们长得差不多了。

文明诞生

中华文明诞生于古史的传说时代，从祖先起源到三皇五帝，不同的史书记载着生动的神话故事，古人们编织的神话反映出部落联盟层累的发展历史。部落联盟的出现，促进了部落之间的交往，中华文明便在这种交流互动中逐渐产生、发展起来。

嫘（léi）祖养蚕制衣

相传黄帝的妻子嫘祖，发明了养蚕的技术。她教人们用桑叶养蚕，等蚕吐丝结茧后，再抽丝、纺线、织布、制衣。

炎帝尝百草

炎帝，又称神农氏，相传他尝遍各种草药，是中医用药的始祖。

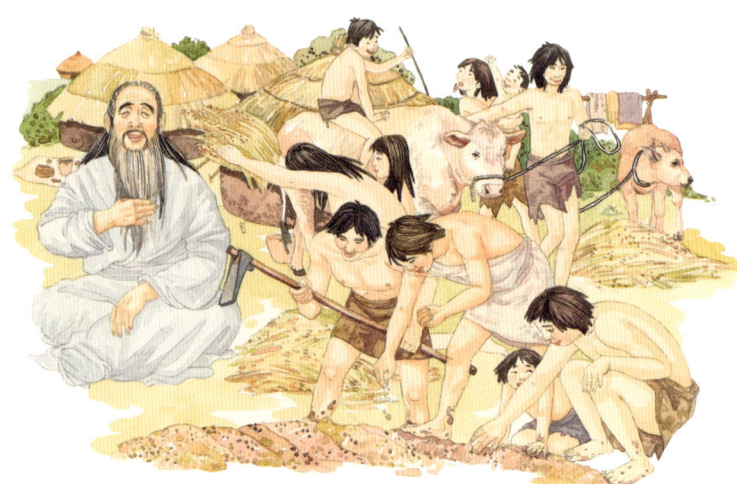

仓颉（jié）造字

相传仓颉有4只眼睛，他根据自然万物的形象，创造了文字，结束了结绳记事的方式。

炎帝制农具

相传炎帝发明了农具，教会人们种植粮食作物。

黄帝一统天下

黄帝又称轩辕氏，他是中华民族的始祖。传说有很多发明创造，如舟车、音律、文字、历法、医学等，都创始于黄帝时期。

修建栅栏

木栅栏可以防止野兽的袭击。

打猎

男人负责外出打猎。

选择居住地

人们会选择依山傍水的地方生活。

原始部落生存攻略

大约 1 万年以前，生活在黄河流域的人们会选择依山傍水的地方，聚居在一起，组成小小的部落。他们开始耕田种地、饲养家畜，偶尔也会出去捕鱼打猎。男耕女织的家庭分工已经逐步明显。后来部落越来越大，成了部落联盟。中华文明的区域逐步向南发展到长江流域。

饲养家畜
人们开始饲养家畜。

建造桥梁
人们用木头在河面搭建桥梁。

捕鱼
男人们一起拉网捕鱼。

耕种
男人们使用农具耕种土地。

日常生活
女人负责照顾老人和孩子、烧烤食物、采集果实等。

制造石器
人们在河里和山里收集石头，用来制造石器。

建筑房屋
人们在建造半地穴式的房屋。

仰韶文化

黄河流域的仰韶文化是新石器时代的一种文化，其中以半坡文化为典型代表。六七千年前，半坡人除了耕种土地、饲养家畜、捕鱼打猎之外，最拿手的就是制作陶器。半坡时期的陶器以红色为主，上面绘有黑色的几何图案或动物形象，有些陶器上还出现了简单的符号，这或许是最原始的汉字。

鹳（guàn）鱼石斧图彩绘陶缸

这可不是用来盛水或盛米的缸，而是一种丧葬用具。缸的表面绘有鹳、鱼和石斧的图案。这只长着大眼睛的鹳鸟衔着一条鱼，旁边是一把石斧，图画结构鲜明，展现出了鲜活的渔猎情景。

白衣彩陶钵

这件陶钵上的花纹非常绚丽。上部用白色作为底色，红、黑的线条交错。菱形、三角形、条纹等图案组成的花纹，让人眼花缭乱。

人面鱼纹彩陶盆

可不要把它当作洗脸盆，这其实是当时儿童瓮棺的棺盖。这个长相奇特的人面图案，会让人联想到神秘的图腾。

船形彩陶壶

这件陶壶造型奇特，它是一件盛水的容器。壶的外形像一条小船，壶身上面的图案又很像渔网。船和渔网的巧妙结合仿佛述说着渔家的日常生活。

大禹治水的神话时代

在 4000 多年前,黄河流域先后出现了三位德才兼备的部落联盟首领——尧、舜、禹。相传,当时黄河泛滥,洪水肆虐,禹的父亲鲧(gǔn)用堵的方法治水,结果失败了。禹接过治水重任,他带领人们疏通河道,把洪水引入大海,成功地治理了水患。在大禹治水的传说背后,彰显着中华文明积极向上、拼搏进取的精神。

大禹治水

大禹勘察地形、了解水情,吸取父亲治水失败的教训,采用疏导的方法,用了 13 年时间,成功治理了水患,还为后人留下了"三过家门而不入"的故事。

· 文明时代的开启 ·

神秘的夏朝

经历了漫长的远古时代，我国古代社会在距今 4000 年左右时进入了文明时代。你知道中国历史上第一个王朝是哪一个吗？它就是建立在公元前 21 世纪左右的夏朝。夏朝最了不起的地方是它不仅具备早期国家的雏形，还有了自己的历法，这些标志着中华民族文明时代的到来。

夏朝的兴衰

大禹的时代，社会发生了很大的变化。部落居民有的很富有，有的很贫穷，这时出现了贫富分化，形成了不同的阶级。部落首领的权力也越来越大，他们可以制定法律、分配土地、收取贡赋。

在 4000 多年前，禹的儿子启建立了夏朝。夏朝统治了 400 多年后，被商部落的首领汤灭亡。由于夏朝没有文字传下来，我们对夏朝的了解主要依赖古代文献的间接记载。直到河南偃师二里头文化遗址的发现，夏朝的政治、经济、文化和社会生活的状况才被慢慢揭开。

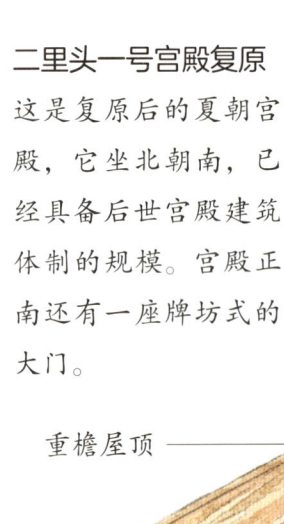

二里头一号宫殿复原
这是复原后的夏朝宫殿，它坐北朝南，已经具备后世宫殿建筑体制的规模。宫殿正南还有一座牌坊式的大门。

重檐屋顶

台基

夏朝的文明

夏朝的农业生产工具还比较简陋,以石器、木器、骨器为主,但已经出现了农田灌溉系统,畜牧业也初具规模。从夏铸九鼎的传说来看,夏朝已经可以制造青铜器了。此外,玉器、漆器制造工艺也达到了一定水平。

夏朝已经开始制定历法了。

二里头文化

二里头文化遗址的发现是对夏朝考古的重大收获。目前,在二里头文化遗址发现了两座宫殿遗址,其中一号宫殿还有排水系统。这里出土的生产工具,以石器为主,还有少量的骨器和蚌器。虽然至今还没有在夏朝的遗址中发现较大的青铜器,但在二里头文化遗址中发现了刀、爵等小件青铜制品,同时还发现了铸铜作坊遗址。

乳钉纹铜爵

这件器物叫作爵,是二里头文化后期人们喝酒用的酒杯。它有一个长长的嘴,嘴边还有两个小柱。下面的三条腿确保了它的稳定性。爵表面的纹饰叫作乳钉纹,制造技艺十分复杂,这说明夏朝的手工业已达到一定水平。

镶嵌绿松石兽面铜牌饰

这件装饰品出土于河南偃师二里头遗址,衬底是青铜,上面镶嵌了许多绿松石。它的形状像一块盾牌,图案的纹饰是传说中的一种神兽,这种装饰品是当时贵族所专用的。

回廊

· 灿烂辉煌的青铜时代 ·

王权与神权合一的商朝

公元前 1600 年，商汤灭夏桀，中国历史推进到了商朝。商朝的专制王权加强，祭祀、占卜、礼仪在维护国家秩序中占有重要地位。商朝的青铜器与甲骨文是这个时代的两张名片，也是中华文明进一步发展的标志。

商朝的历史

在 3600 多年前，汤率领商族部落打败了夏桀，推翻了夏朝统治，建立了商朝。商朝前期，多次迁都，直到第二十代商王盘庚将都城迁到殷，就在今天的河南安阳小屯村一带，商朝的国都才稳定下来。商朝也因此被后世称为殷商。纣王被周武王打败后自焚，商灭亡。商朝 500 多年的统治也结束了。

青铜文明

青铜器是商朝的重要名片。随着农业的发展，商朝的手工业也逐步发展起来，出土的手工制品中最著名的就是青铜器。在商朝，青铜器不仅作为生产工具、生活用品，还作为武器和祭祀用的礼器。商朝的青铜制造无论从规模、数量，还是工艺水平、精美程度来说都达到了前所未有的高度。

商双面神人青铜头像

这件在江西出土的青铜器，高约 60 厘米，造型奇特，不仅有两只突出的眼睛和两排整齐的牙齿，在尖尖的双耳上方还有一对形状奇特的角。这是祭祀用的礼器，也是目前出土的商朝青铜器中造型最为奇特的一件。

豕形铜尊

这也是一种尊，但它的外形却是一头猪，这个造型在商朝青铜器中是比较特殊的。猪的背上还站着一只小鸟，而猪肘上的圆孔则是为了便于穿过绳索，方便抬举和搬运。

青铜面具

这个鼻子上竖起了一个高高的卷云纹饰，宽度比你的课桌还要大的面具，出自四川广汉的三星堆遗址。这个面具也有一双明显突出的大眼睛，这是众多三星堆出土的青铜面具的共同特征。

青铜立人像

这是一尊在三星堆遗址出土的商朝晚期的铜像，它高约1.8米（冠顶到足底），几乎和成年人差不多高。铜像头顶的帽子和底座都有精美的花纹装饰。考古人员推测这个身穿长袍、手形奇特的人应该是当时的巫师。

后母戊鼎

鼎是一种盛肉器。河南安阳出土的这款方鼎，可以说是商朝青铜器里的"巨无霸"。它是迄今世界上出土的最大、最重的单体青铜礼器。从鼎内的铭文推断，后母戊鼎应是商王文丁为祭祀他的母亲"戊"而铸造的。鼎身除了雷纹，还有盘龙纹和饕餮纹。距今3000多年前能够铸造出如此精美而庞大的器物，足见商朝青铜铸造技艺的高超。

四羊方尊

尊是一种盛酒的器皿。四羊方尊是湖南宁乡出土的商朝晚期的青铜礼器。它高58.3厘米，上口最大径44.4厘米，而且重约35千克，是现存商朝青铜方尊中体形最大的。除四角各塑一只站立的羊之外，尊身还有很多复杂而精美的浮雕。整个方尊展现出了商朝高超的青铜器铸造水平，被列为传世国宝。

12

青铜器是怎样铸造出来的?

(1) 从适宜的地方选择黏性好、杂质少的泥土,用来制作烧制青铜器的泥模。

(2) 将经过晾晒、过滤、混合后的泥土加入一定比例的清水,搅拌和成泥。

(3) 将和好的泥在案板上反复摔打、揉搓,再经过较长时间的浸润,以便更好地塑形。

(4) 将和好的泥分别制成鼎各部分的模。

(5) 工匠们在制好的模上雕刻出花纹,并风干。

(6) 从泥模上翻制鼎的四壁和腿的外范,制造一个器物的型腔,以便在浇铸铜液以后,冷凝成鼎。

(7) 将制好的鼎的四壁合在一起,把泥土填满里面空心的部分,随后再从模型中拖出,这个部分叫作芯,拖出的芯与外范的底范连在一起。

(8) 范与芯装配成套后,在外面用木条捆扎结实,放到窑中加热。

(9) 把加热后的范放到沙坑中,将熔化的按一定比例配好的铜锡溶液注入浇口。

(10) 等铜锡溶液完全冷却凝固后,将陶范打碎,青铜器就做好了。

甲骨文的诞生

传说，帝喾（kù）的妃子因为吞了玄鸟蛋而怀孕，生下了商朝的始祖契，这为商朝的起源增添了一抹神秘色彩。商朝的统治者们特别喜欢占卜，但凡出兵打仗、出行，甚至生病，都要通过占卜来测吉凶。那么，商朝的人们是怎么占卜的呢？

第一步
在龟甲或兽骨上凿出若干小孔。

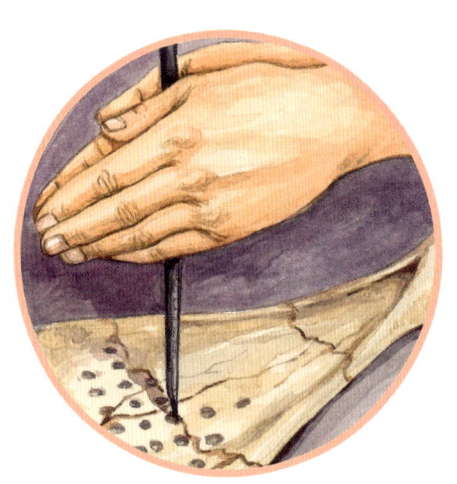

第二步
在钻孔的一侧凿出枣核形的槽。

第三步
用烧热的树枝在槽上烫烧。

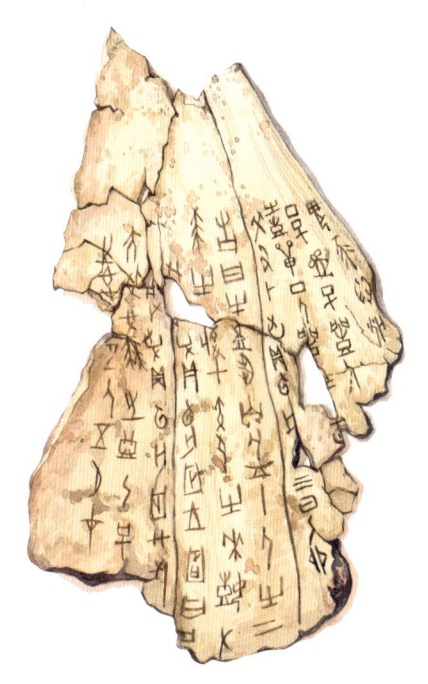

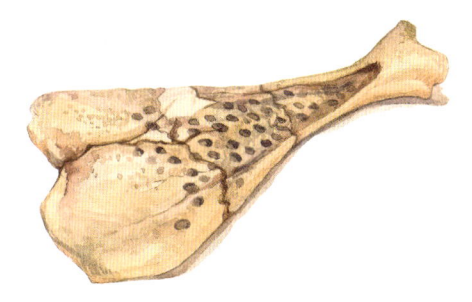

甲骨文

刻在龟甲和兽骨上的文字被称为甲骨文。甲骨文是中国目前可以识读的最早的文字。

第四步
被烫烧的甲骨会出现不规则的裂纹。

第五步
占卜者根据裂纹预测所占事情的吉凶,并在裂纹旁刻上文字记录占卜的结果。

甲骨文发现者——王懿荣

关于甲骨文的发现还有一段有趣的故事。清末学者王懿荣偶然在一种叫作"龙骨"的中药材上发现了类似文字的图案,于是他开始大量收购龙骨,追查它们的来历,并对这些龙骨做了大量的调查研究。依据龙骨出土的位置和文字材料,王懿荣推断它们是商朝的产物。这一发现轰动了国内外的学术界,而王懿荣本人也因此被称为甲骨文研究的奠基人。

· 分封制与宗法制的文明时代 ·

礼乐治国的西周

公元前1046年，武王伐纣，商朝灭亡。西周初年，周公平定了叛乱，重新统一了天下。西周主张礼乐治国，实行分封制和宗法制。西周中期以后，社会矛盾尖锐，出现了"国人暴动"和"共和行政"。公元前771年，周幽王亡国。次年，周平王东迁，历史上把平王东迁之前称为西周。西周统治了275年。西周的经济、文化有较大发展，造就了中华文明的基本框架。

分封制与宗法制

西周主张礼乐治国，实行了分封制和宗法制。分封制是西周的立国之本，大规模地分封诸侯是在周公当政和成康时期进行的。分封制就是周王将土地和人口分配给自己的兄弟、亲戚及有功之臣，这些人被称为"伯"或者"侯"，他们在自己的封地享受世袭的统治权，但要服从周天子的命令，定期朝贡、提供兵役和徭役所需民夫等。分封制加强中央和地方的联系，强化了统治。

宗法制是按血缘关系分配政治权力，主要是嫡长子继承制。在古代，根据母亲的身份，子女有嫡庶之分。正妻所生是嫡出，妾侍所生是庶出。根据出生先后，还分长幼。无论是王位还是爵位，只有嫡长子才是合法继承者，就算庶子比嫡长子年长，且有才能，也无权继承，这就是典型的"传嫡不传庶，传长不传贤"的观念。

周朝通过规范礼乐制度来强化等级，要求贵族在衣食住行的方方面面都要符合自己身份，不能有任何的僭（jiàn）越。

《诗经》

《诗经》创作于西周初期至春秋中叶，是一部伟大的文学作品。它反映了西周时期人们丰富的生活状态。其中有描述武王伐纣的，有王室祭祀、节日宴会等重大场合使用的祭祀颂歌，有颂扬周人先祖的，还有描绘普通民众劳动情景的……《诗经》向人们生动地描绘了一幅幅西周的生活画面。

利簋（guǐ）

簋是一种盛放煮熟的谷物的容器，也是一种礼器。利簋出土于陕西西安临潼，是目前确知的最早的西周青铜器。簋内底部有30余字铭文，记载了周武王征商，在某年甲子日的早晨击败商王军队的史实，这是武王伐纣真实的历史记录。

青铜器中的历史

西周时期的青铜器不仅能反映出西周手工业的技艺水平，还通过其用途、造型以及上面刻写的铭文给我们讲述了西周政治、历史和文化等方面的故事。

四虎铜镈（bó）

这可不是寺庙里的大钟，而是古代的一种大型打击乐器，贵族在宴会或祭祀时，跟编钟配合使用。它的两侧分别有两只卷着尾巴的下山猛虎，正背两面还各有一只凤鸟，造型是不是很别致？

刖（yuè）人守门鼎

此鼎的独特之处是它分上下两层，下层是个盛炭火的炉膛，在炉膛的正面还开了两扇门，右门外雕刻了一个手持插关的人。这个人不是一般的人，而是受了刖足刑的人。所谓刖足，就是砍掉脚，这件方鼎是西周严酷的奴隶制度的实物证据。

西周四耳簋

这也是一件簋，它的突出特点是有4个长长的大耳朵，上面还装饰有许多牛头。整个器物的兽耳上一共有24个牛头，造型独特，铸造技艺高超。

· 百家争鸣的文明时代 ·

变革求新的春秋战国

春秋战国是百家争鸣的时代。大家耳熟能详的孔子、孟子、老子、庄子、韩非子、墨子就生活在这个时代，他们创造出了儒家、道家、法家、墨家思想，因为他们，中华文明开始异彩纷呈。春秋战国，不仅是诸侯征战的时代，更是各国变法图强的时代。魏国的李悝（kuī）和西门豹、楚国的吴起、秦国的商鞅（yāng），因为有他们的不懈努力，中国开始从分裂慢慢走向统一。

大一统时代的前奏

西周灭亡后，新的周王被迫将都城迁到了洛邑（yì），就是今天的河南洛阳，由此开启了东周时期。这时周天子的权力和威信逐渐丧失，各地诸侯渐渐独霸一方，互相征战。东周统治的前半期称春秋，得名于孔子编写的一部鲁国的史书《春秋》。三家分晋到秦统一六国这段时期称战国。春秋战国是中国历史上第一个动荡时期。

春秋时期，周天子权力削弱，齐桓（huán）公、宋襄（xiāng）公、晋文公、秦穆公和楚庄王，相继称霸，史称春秋五霸。这些霸主不仅是周王室的监护者，也是诸多弱小诸侯国联盟的领袖。

战国时期的主角是齐、楚、燕、韩、赵、魏、秦七国，历史上称其为战国七雄。最终，秦国灭了六国，统一了全国，由此开启了中国大一统的帝国时代。

战国七雄

战国时期，七雄征战，合纵连横，很多著名的战役都发生在这一时期。"围魏救赵""马陵之战""火牛阵""长平之战"，每次战争都是一个故事。战国还是一个各国变法图强的时代，李悝整顿魏国的政治、经济和法律制度；西门豹治邺，破除迷信，兴修水利；吴起在楚国废除贵族特权；效果最显著的是秦国的商鞅变法，它为秦国的统一大业奠定了坚实的基础。

负荆请罪

赵国的蔺（lìn）相如胆量过人，带着稀世珍宝和氏璧出使秦国，完璧归赵。后来又因渑（miǎn）池会晤时维护了赵国的利益而被封为上卿，位列老将廉颇之上。廉颇因此十分不满，处处针对他。蔺相如却顾全大局，处处谦让廉颇。后来，廉颇知错，身背荆条，亲自给蔺相如赔礼道歉。从此，将相和好，赵国强盛一时。

商鞅变法

秦孝公时期，商鞅两次变法，编制户口，实施重农抑商政策，奖励军功，推行县制，废井田，开阡陌，统一度量衡，使秦国的实力大增。秦孝公死后，商鞅被继位的秦惠文王处死。商鞅虽然死得很惨，但他的新法却保留了下来，成为后来秦国统一中国的重要保障。

会讲故事的文物

到了春秋时期，青铜器变得更轻巧实用，样式也不断创新。战国时期是青铜时代的晚期、铁器时代的开端，人们已经可以在青铜器上使用复杂的焊接技术，在铜器表面镏金或错以金银。另外，战国时期的漆器也十分美观大方。

子仲姜盘

春秋时期，有身份的人餐前饭后要行沃盥（guàn）之礼，也就是洗手。他们用匜（yí）盛干净的水，倒出流水洗手，下面用来接脏水的器皿就是盘子。这件青铜器是春秋早期的作品，它的精妙之处是里面的20个浮雕可以360度旋转。

兽面纹龙流盉（hé）

盉，古代的盛酒器，是用来调酒的浓淡的。这件兽面纹龙流盉是春秋中期南方的越族人模仿西周盉制作的。上面的兽面纹是一种带有南方文化特色的装饰图纹。

越王勾践剑

这把2000多年前的宝剑，在重见天日时，依然光亮如新，锋利无比，被称为天下第一剑，它的主人就是春秋后期的霸主越王勾践。吴越争霸，越军大败。越王勾践卧薪尝胆，忍辱负重，最终灭掉吴国，称霸江南。

错金银虎噬鹿屏风座

一只凶猛的老虎,身体弯曲,怒目圆睁,嘴里叼着一只奄奄一息的小鹿。这是战国时期中山国的一件铜器,它是一组两扇屏风的底座之一。工匠们把这件器物做得如此栩栩如生,可见当时的工艺水平是多么高超。

虎座鸟架鼓

这是战国时期楚国的一面鼓。两只老虎驮着两只凤鸟,中间是一面鼓。它们都是用楠木雕成的,上面涂着红、黑、黄色的漆。这几种颜色是当时楚国人喜爱的颜色,凤鸟是楚人崇拜的神鸟,可见,楚文化在这面鼓上被表现得淋漓尽致。

曾侯乙编钟

这一排排的铜钟叫作编钟,是战国时期的乐器,1978年出土于湖北随县(今随州市)的曾侯乙墓,是湖北省博物馆的镇馆之宝。这套精美的编钟由64件钟和1件镈(bó)组成,铸造工艺高超,能演奏音阶复杂的乐曲。曾侯乙编钟的出土集中体现了战国时期发达的礼乐文明。

百家争鸣

春秋战国时期是百家争鸣的时代，社会的剧烈变动也带来了思想的空前活跃。当时，许多思想家都提出自己的观点，表达政治见解和主张，形成了百家争鸣的局面。主要的学派有儒、道、墨、法、名、兵、阴阳、纵横、农、杂等，最著名的是儒、道、墨、法四家。百家争鸣活跃了春秋战国时期的思想文化，奠定了中国传统文化的根基。

儒家

孔子是春秋鲁国人，儒家学派创始人。我们目前研究孔子生活和思想的主要材料是《论语》，这是一部记录了孔子及其学生言行的书。通过《论语》不难看出，孔子喜欢唱歌，为人随和、幽默，且重情重义。孔子提倡"仁"的思想，主张用"礼"来维护良好的社会秩序。孔子之后，儒家学派的代表人物还有孟子和荀子。

墨家

墨子出身不算贵族，曾做过木匠，起初墨子也师从儒学，但后来提出了"兼爱"的思想，批判了儒家的等级制度，他认为人与人应该是平等的。墨家思想与儒家思想还有一个重大分歧就体现在对丧葬制度的态度上。墨家反对儒家所提倡的"厚葬久丧"和"三年之丧"，认为这是浪费时间和资源。

道家

老子姓李，名耳，字聃（dān），是春秋楚国人，道家学派的创始人。老子写了一本《道德经》，主张清静无为，回归自然。战国时期的道家学派代表人物是庄子。

法家

在战国时期的变法运动中，法家最为活跃，李悝、商鞅、申不害都是代表人物，韩非子最为著名。韩非子主张将法、术、势三者结合来治理国家，以法治为核心，反对儒家学说。秦统一全国后，韩非子的法家思想得到了实现。

稷下学宫

战国七雄之一的齐国在齐威王时实力强大。齐威王任用邹忌为相，推行法治，还在国都临淄（zī）的西门稷（jì）门之下设立学宫，将各国的学者集中在这里，让他们讲学著书，激发各种学术思想。

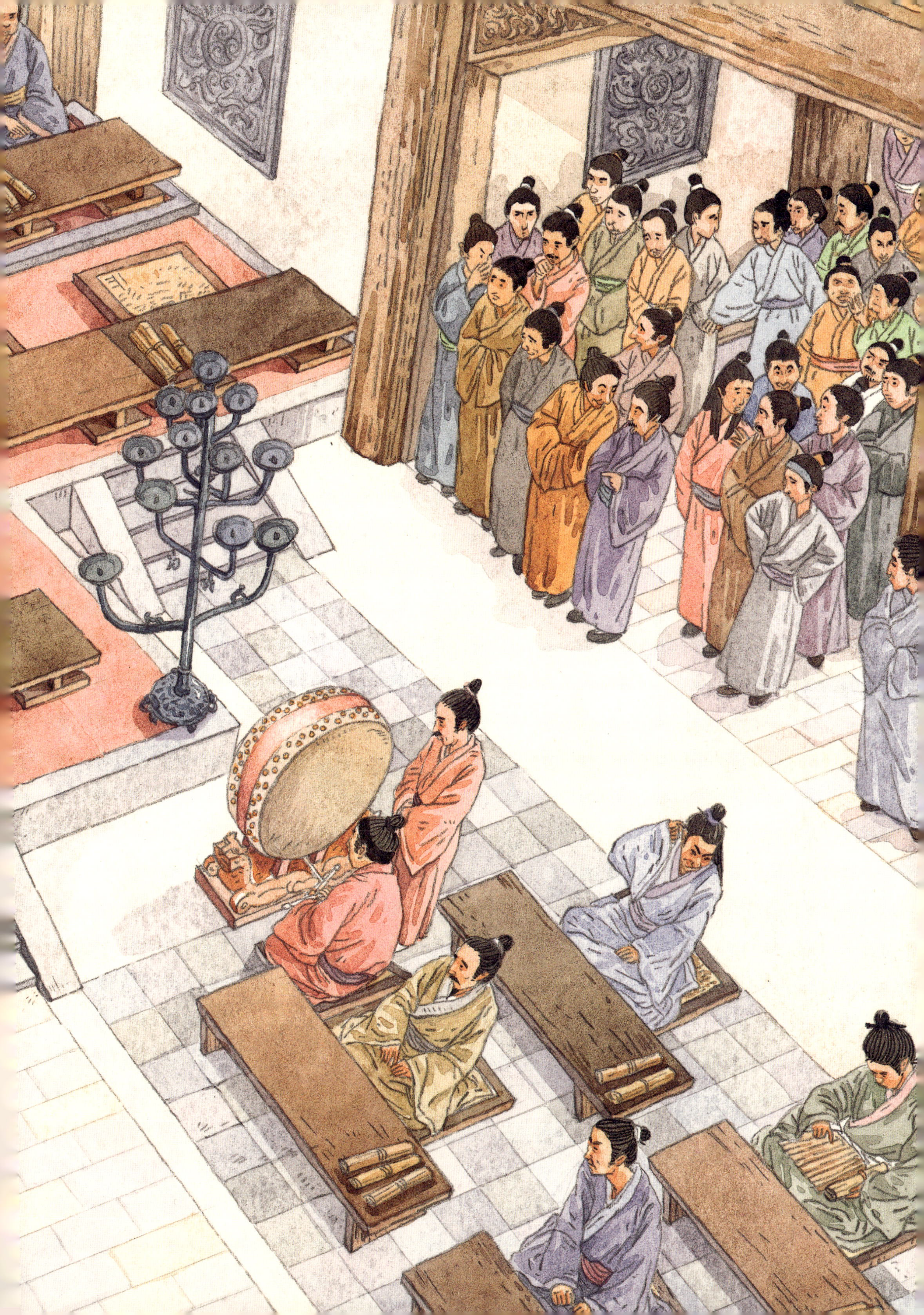

· 统一文明的诞生 ·

大一统的秦朝

秦始皇建立了中国历史上第一个统一的专制集权王朝——秦，确立了皇帝制度，在中央设立官僚制，在地方推行郡县制；又采取一系列巩固统治的措施，统一文字、度量衡和货币等，并北征匈奴、南平百越，促进了统一多民族国家的形成。然而，秦朝施政暴虐，无休止的兵役、徭役以及严酷的刑罚动摇了王朝的统治基础，加速了它的灭亡。

统一的巩固

公元前221年，秦始皇灭六国，统一全国，建立了秦朝。为了巩固统治，秦始皇统一了文字、度量衡和货币等。秦朝虽然只存在了15年，但由此开启的政治、经济、文化制度，在后来2000多年的传统社会中有着极为深远的影响。

统一文字

战国时期各国文字不同，十分影响政令的执行，还制约经济、文化的发展。因此，秦始皇在统一六国后，进行了文字的统一和规范，宣布以秦小篆为统一的字体，同时，又创造出一种比小篆更加简便的新书体——隶书。隶书的出现，是中国文字由古体转为今体的重要里程碑。

统一度量衡

统一度量衡制度是秦始皇发展经济采取的重要措施。秦统一前，各国的度量衡制度各不相同。秦始皇以秦国原来的度量衡为基础，制定了新的度量衡制度，废除六国的旧制。

统一货币

战国时期，各国货币的形状、大小、轻重都不相同，计算单位也很不一致。秦始皇决定以秦国的货币为标准，统一全国货币。他把货币分为两个等级：黄金，以镒（yì）为单位；近圆形铜币，上有"半两"二字，称作半两钱。

贝币
贝币是一种用海贝充当的货币，计量单位是"朋"，五个贝为一串，两串为一朋，主要流通于先秦时期的沿海地区。汉字中与经济相关的字中一般都会包含一个"贝"字，如财、货、贸、贷等，这便源于贝币的使用。

刀币
刀币主要流通于战国时期的齐、赵、燕等国，外形为刀形，这种设计源于日常生活。

布币

布币的外形源于一种类似于铲子的青铜农具，所以又称铲币，是春秋战国时期流通于中原诸国的货币。

半两钱

半两钱是秦统一后在全国推行的货币，上面有"半两"二字。

秦长城的修建

为了防御北方游牧民族匈奴的侵扰，秦把战国时期燕、赵、秦三国长城修复并连接起来，筑成西起临洮（今甘肃岷县）、东到辽东（今辽宁省）的长城，用来保护北方农业。秦长城的修建，对于抵御匈奴，保障北方人民生产和生活的安定起了重要的作用。长城也是世界历史上最伟大的工程之一，充分体现了中国古代劳动人民的无穷智慧和无限创造力。

修建长城

限于秦朝的技术条件，长城的修建完全靠人工操作，就地取材，建筑方法主要是夯土筑城，这也是中国古代前期建筑城墙的主要方法。

兵马俑坑是怎样建造的呢？

　　从兵马俑一号坑的情况推断，当时的建造者先挖了深度大约 5 米的土坑，在土坑的四壁上镶筑夯土墙。然后，在土坑的中部筑隔墙。兵马俑坑的四周以及隔墙的左右两边每隔 1.4 米立一根木柱。木柱的下端用长方木作为地梁。在这种木框架及隔墙上再密排上棚木，棚木上面再铺上席子和黄土，做成坑顶。坑的底部用青砖铺地。将陶俑、陶马等放进俑坑后，再将四面的门道用立木封堵，从而完成了封闭式的兵马俑坑的建造。

兵马俑一号坑

这里排列着一个由战车和步兵组成的军阵。最前端有三列不穿铠甲的轻装步兵俑,后面大多是身穿铠甲的步兵俑,它们与战车一起组成了军阵的主体。军阵侧翼和最后一排的兵俑都面朝外排列,这可能是为了防止被敌人偷袭。

兵马俑是怎么做出来的？

（1）从井中取水，用来和泥。

（2）用脚踩压，去除黏土中的气泡。

（3）将搅拌好的黏土反复捶打，制成片状或条状。

（4）用稻草扎成马腹和马腿，将片状黏土贴在稻草表面，不断压实、打磨后，取走里面的稻草，但要在侧面留一个圆孔，保证烧制陶马时，热空气在马腹内流动。

（5）用薄薄的湿黏土将马颈和马腿粘在马的躯干上。

（6）安装马头和马尾。

（7）将用薄黏土做成的马耳安装上去，然后在马背上做出马鞍以及鬃。

（8）将制好的陶马放在干燥阴凉处晾干。

（9）等到陶马完全干透，放到窑里烧制。

（10）运送黏土到制作陶俑的地方。
（11）先用泥片制成兵俑的底座，再做好陶俑的脚，然后把脚固定在底座上。
（12）用泥条盘筑的方法在做好的脚上制作陶俑的腿。
（13）制作陶俑的手臂、手掌。
（14）制作陶俑的头。每个陶俑的脸形、胡须、发髻、五官等都有所不同。
（15）把手臂、手掌、头用湿泥与躯干相接。
（16）对安装好的陶俑进行细节处的加工。
（17）将制好的陶俑放在干燥阴凉处晾干。
（18）等陶俑完全干透，再放到窑里烧制。
（19）将烧制好的陶俑上色，等颜色干透后，栩栩如生的陶俑就做好了。

地下军阵

陕西西安临潼的秦始皇陵附近发现了大量陪葬用的陶制兵马俑，这些陶俑跟真人一般大小，身着铠甲，神态各异，栩栩如生！从服饰上还可以看出有的是将官，有的是士兵。兵马俑按行军打仗时的队列排成一个个方阵，还有骑兵和陶制的马匹以及真正的战车！

跪射俑

跪射俑身穿战袍，外披铠甲，头顶绾着发髻，左腿蹲屈，右膝着地，双手一上一下保持着手握弓箭的姿势。

秦始皇陵铜车马

这两驾铜车马在秦始皇陵附近出土，是秦朝青铜艺术的精品。每驾马车都有4匹马拉着一辆车，车上各有一名驾车的军士。两驾马车的最大区别是马后面拉的车。两驾铜车马的制作技艺精湛，被称为青铜之冠。

一号铜车马

一号铜车马叫作"立车"，又叫"戎车""高车"，车上立着一顶圆伞，伞下站立着一名驾车的军士。

二号铜车马

二号铜车马则叫作"安车"，车厢分前后两室，上面有椭圆形的盖子，前室是驾车人所坐，后室是主人所坐。

秦末农民起义

公元前 209 年 7 月，秦始皇的后继者秦二世下令征调淮河一带的 900 多名贫苦农民到渔阳（今北京密云）戍守。当他们行至蕲县大泽乡（今安徽宿州）时，遇到了大雨，道路不通，无法按期到达。按照秦朝法律，戍卒误期到达就要处斩。在这生死存亡的关头，陈胜、吴广密谋起义，建立了张楚政权。大泽乡起义是中国历史上第一次大规模的农民起义，虽然后来被镇压了，但从根本上动摇了秦王朝的统治。后来，刘邦、项羽又掀起了反秦浪潮，最终推翻了秦朝。

· 丝路文明的开端 ·

繁荣昌盛的汉朝

西汉是继秦之后出现的强大统一的王朝。西汉初年，社会经济恢复，史称文景之治。汉武帝时期，各民族间的交往、交流、交融进一步加强。张骞出使西域，开辟了通往西亚各国的丝绸之路。东汉光武帝刘秀统治的时期国力强盛，史称光武中兴。

汉朝的政治纷争

公元前 206 年，秦朝被推翻。刘邦和项羽进行了长达 4 年之久的楚汉战争，最终刘邦夺得了胜利，在公元前 202 年建立汉朝，史称西汉。西汉统治了 210 年。刘邦建立的西汉王朝到汉武帝时达到极盛，汉武帝在政治、经济、军事和思想文化等方面都有所建树。西汉后期，社会危机日益加深。公元 9 年，外戚王莽称帝，国号新。王莽政权不仅未能解除社会危机，反而给社会经济带来极大的破坏，阶级矛盾更加激化，随后爆发的绿林、赤眉农民起义，将其推翻。

公元 25 年，东汉建立后，经济发展，国家安定。东汉中期，外戚、宦官轮流把持朝政，互相争斗，大地主势力进一步发展，庄园式生产在农业生产中占有突出地位。东汉后期，统治更加腐朽，终于爆发了黄巾农民大起义，开启了三国鼎立的局面。

丝绸之路上的商旅
自张骞凿空西域之后，丝绸之路便成为商业流通要道。繁忙的商旅带领着驼队穿越沙漠，许多商品在这条神奇的道路上得到了交换和流通。

丝绸之路的开辟

张骞不畏艰险,两次出使西域,使汉朝与西域各国建立了友好关系,沟通了亚洲内陆的交通要道,促进了东西方经济文化的交流,闻名世界的丝绸之路由此被打开。

丝绸之路是横跨欧亚大陆的重要贸易交通线,从西汉都城长安(今陕西西安)出发,经过河西走廊,进而向西部延伸。由于在这条道路上,中国输出的商品以丝绸最具代表性,所以这条陆上交通路线被称为丝绸之路。

除了西北丝绸之路被打通外,南方丝绸之路和海上丝绸之路也陆续在对外贸易和文化交流中发挥着重要作用,成为连接中国与世界各国经济文化的交通纽带。

儒家思想

汉武帝接受儒生董仲舒的建议，"罢黜（chù）百家，独尊儒术"。汉朝开始以儒家经典为教材，只有熟读这些书，精通儒学的人，才有机会走上仕途。从此，"百家争鸣"的局面不见了，儒家思想经过改造逐渐成为中国传统社会的正统思想。

司马迁著《史记》

汉武帝时的太史令司马迁写出了中国历史上第一部纪传体通史——《史记》。这部史书记载了从传说中的黄帝时代到汉武帝太初四年（公元前101年）间3000多年的历史，内容完整，结构周密。后来中国历朝历代统治者在修撰官方正史时，基本都采用这种以人物传记为主的纪传体形式。《史记》被鲁迅称为"史家之绝唱，无韵之离骚"。

震惊世界的科技发明

汉朝科技迅猛发展，涌现出了一批卓有成就的科学家。张衡便是东汉时期科学家的杰出代表，他在天文学、地震学等许多领域都有着卓尔不凡的成就。张衡担任太史令时，观察天象、修订历法，经过长期的认真研究，主张并改进了浑天说，还在前人的基础上，设计出了能够再现天体运行的浑天仪。张衡的另一个发明是用来测知地震方位的地动仪。地动仪的发明，领先了世界科技1000多年。

候风地动仪

候风地动仪是用铜制成的，像一只大酒樽，外围附有8条龙，龙头分别朝向8个方位。每一条龙口中含有一粒铜丸。如果哪个方位发生地震，对应的龙就会张口吐出铜丸，落入下方青蛙口中。

高超的工艺

汉朝的手工业相当发达，铁器已经普遍使用。

汉朝的青铜器也已经用于生活的方方面面，如制成灯、博山炉、镜子等，而且制作工艺十分复杂。

汉朝的纺织和雕塑工艺也很发达。在马王堆汉代墓葬中出土的素纱禅衣重量竟不足一两。汉代墓葬出土的大量陶俑，也与秦代陪葬陶俑不同，塑造的是社会各个阶层的人物，形象生动，惟妙惟肖。

西汉长信宫灯

它是1968年在河北满城西汉中山靖王刘胜妻墓中出土的。此铜灯是宫女双手执灯的造型，设计十分精巧，宫女头部和右臂可拆卸，灯盘能转动，灯罩可以开合，可以随意调整灯光的亮度和照射的角度。

西汉错金博山炉

这是一件宫廷用的熏香炉，也出土于满城汉墓。它的整体形象就像一座小山，山上有茂密的树林，有神兽出没，虎豹奔走，还有小猴跳跃其间，猎人好似正在寻找猎物，刻画出秀丽的山景和生动的狩猎场面。由于像传说中的仙山——博山，所以被叫作博山炉。

击鼓说唱俑

这一憨态可掬的说唱俑出土于四川成都，是用泥质灰陶制成的。此俑头上戴着头巾，光着脚，左臂抱着一面鼓，右手拿着鼓槌，喜笑颜开，动作夸张。它生动再现了汉代的说唱艺术，被称为"汉代第一俑"。

蔡伦和造纸术

中国古代的四大发明中，对人类文明传承贡献最大、出现最早的要数造纸术的发明和改进了。有了廉价的纸张，各种文化成就才有了更便于传播的载体。可以说，造纸术是华夏文明绵延至今不可或缺的因素之一。

早在西汉初年就已经有了用废旧麻绳头、破布为原料制成的麻类植物纤维纸。但这种纸质地粗糙，不方便，而且原料比较昂贵。到东汉时期，蔡伦在总结前人造纸经验的基础上，拿树皮、麻头、破布、烂渔网等廉价的材料来造纸。这样不仅变废为宝，还大大降低了成本，这样造出的纸厚薄均匀，柔韧性更强。公元105年，蔡伦将造好的纸献给了汉和帝。汉和帝对蔡伦大加赞赏，并下令推广他改进的造纸法。从那时起，蔡伦的造纸方法得到了迅速传播，人们把这种纸称为"蔡侯纸"。全国各地出现了越来越多的造纸作坊。

1. 浸泡

将树皮、破布、烂渔网等廉价的原料放入水中浸泡。

2. 粉碎
将浸泡过的原料切割、粉碎。

3. 草木灰水浸泡
将粉碎过的原料浸泡在草木灰水中，用草木灰中的碱性物质去除原料中的各种杂质。

4. 蒸煮舂捣
将用草木灰水浸泡过的原料蒸煮后捣成纸浆。

5. 漂洗
将纸浆漂洗干净。

6. 打槽
将漂洗后的纸浆倒入槽中加水搅拌。

7. 抄纸
用细密的竹帘或网纱捞取纸浆。

8. 晒纸

将留有湿纸膜的膜框晾晒。

9. 揭纸

从膜框上取下晒好的纸。

神医华佗与五禽戏

华佗从小立志学医，他不但精通传统中医的方药针灸，而且善于运用外科手术治疗病人。他还发明了用酒送服麻沸散的麻醉术。

华佗认为人会生病是因为气血运行不通畅，而经常合理地运动能够使血脉通畅，起到强身健体、防病祛病的作用。华佗受到雄鹰展翅动作的启发，结合虎、鹿、猿、熊、鸟这几种动物的动作特点，潜心研究出一套五禽戏。

虎举　　　　　鹿奔

虎扑　　　　　鹿抵

熊运　　　　　　　　猿提　　　　　　　　鸟伸

熊晃　　　　　　　　猿摘　　　　　　　　鸟飞

43

· 异彩纷呈的文明时代 ·

文化交融的魏晋南北朝

魏晋南北朝是中国历史上的分裂时期，但这个时期不是历史的倒退，而是历史的曲折发展，主流始终是统一。魏晋南北朝承上启下，是迎接隋唐经济文化高潮的过渡期和准备期。这一时期，区域经济发展，民族融合扩大，世家大族在政治、经济、文化上占据优势地位，形成门阀制度。南朝以后，寒门地主把持政局，士族衰落。思想文化多样化，玄学流行，佛教与道教得到传播，文学艺术与科学技术取得长足进展。

魏晋南北朝的王朝更替

黄巾起义动摇了东汉政局，赤壁之战后，曹操、刘备、孙权三股势力对峙。曹丕在北方建立了曹魏政权。刘备在长江上游的四川一带，建立蜀汉政权。孙权在长江下游建立东吴政权。三国鼎立的局面形成了。

司马炎建立晋朝，定都洛阳，史称西晋。后来，西晋灭东吴统一了全国，结束了自东汉末年以来近百年的分裂局面。西晋是魏晋南北朝时期，唯一实现了全国统一的王朝。后来，北方游牧民族攻入中原，西晋被灭。司马睿在建康（今南京）称帝，史称东晋，但东晋的皇帝们偏安一隅，只统治了江淮一带。而此时北方游牧民族政权则长期占据北方广大地区，他们先后建立数十个政权，史称五胡十六国。

420 年，宋灭东晋之后，统治了 59 年，后被齐所灭。南朝是中国历史上宋、齐、梁、陈这 4 个相继出现的汉族王朝的统称。

与南朝政权同时并存的还有北方王朝，包括北魏、东魏、北齐、西魏、北周等。北方王朝统治时期，史称北朝。

北齐贴金彩绘菩萨立像

这尊菩萨立像来自山东青州，代表了北齐时期青州的佛造像风格。

云冈石窟

魏晋南北朝时期各个政权的统治者在建立之初都崇奉佛教。在北魏、北齐佛教非常繁盛，北周初年也曾"佛法全盛"。为了体现对佛教的虔诚，北朝统治者下令修建了多处石窟，最具代表性的是北魏时期开凿的云冈石窟。

文化发展异彩纷呈

魏晋南北朝是一个颇具两面性的时期，一方面，多个政权长年对峙，战乱频发，对百姓的生产生活造成了严重的影响；另一方面，文化发展却异彩纷呈。这一时期，儒学的统治地位发生了动摇，佛、道二教得到发展；文学、书法、绘画大放异彩；数学、天文、历法、农学、医学、地理学、机械制造等都取得了辉煌的成绩。

文学大放异彩

这是我国文学史上的重要时代，诗、赋、小说等各种文体得到充分发展。文学摆脱了经学的束缚，自由发展，以曹操父子、建安七子、蔡文姬为代表的建安文学独具特色。东晋田园派诗歌创始人陶渊明、南朝山水派诗人谢灵运是诗歌的代表人物。

祖冲之

不断进步的科学技术

南朝的祖冲之从《周髀算经》上得知，圆的周长是直径的3倍。但经过测量，他总觉得圆周长度比直径的3倍要大。最终，他推算出了圆周率小数点后的7位数值，比欧洲早1000多年。北魏的贾思勰（xié）著的《齐民要术》被称为中国古代农业百科全书，其中记载的蔬菜贮藏方法，现在在中国北方仍在使用。西晋医学家皇甫谧总结了古代对于针灸疗法的经验。北魏郦道元写了著名的地理学著作《水经注》，详细记录了1000多条河流的历史、神话传说和典故等。

《竹林七贤与荣启期砖画》

贾思勰《齐民要术》

哲学和宗教

魏晋时期兴起了一种崇尚老庄的哲学思潮——玄学，鼓励人们释放天性，大胆探索万物与自身的联系。

魏晋南北朝时期，由于社会动荡，百姓无力扭转残酷的现实，便希望在精神上得到解脱。同时，统治者也需要通过佛教加强思想控制，于是，佛教在中国迅速传播开来。杜牧的诗句"南朝四百八十寺，多少楼台烟雨中"就反映了南朝佛教盛行，建造了很多寺庙、佛塔的现象。而北朝时期，则开凿了大量的石窟和佛造像。

在佛教传播的同时，道教逐步发展起来。由葛洪所著的《抱朴子》一书被奉为道教的经典。

北魏胁侍菩萨像

1996年，在山东青州龙兴寺遗址出土了大量精美的佛造像。这尊北魏时期的胁侍菩萨像就是其中的代表。最神奇的是佛像身上的颜色至今还非常鲜艳。

东魏贴金彩绘石雕左胁侍菩萨像

这尊残损的菩萨石雕出土于山东青州龙兴寺，菩萨身上佩戴项圈、璎珞，穿着天衣，背后是浮雕背屏，是青州地区造像的经典之作。

· 万国来朝的盛世 ·

开放包容的隋唐

经过魏晋南北朝的长期分裂，隋、唐王朝再次一统中国。隋朝的发展是唐朝的前奏，在隋朝的基础上，唐朝在政治、制度、经济、文化、民族、外交等多个方面居于当时世界的领先地位。唐朝拥有开放包容的气度、灿烂辉煌的文化，直到现在，对中国乃至世界仍然有着深远的影响。

隋唐政治进程

隋朝立国37年，是一个短命的王朝，但在中国历史上却有着十分重要的地位。589年，隋统一全国，结束了长期的南北分裂。隋朝的官制、兵制、科举制、法制等，对唐朝及之后的王朝都产生了重大影响。隋炀帝杨广在位时修建的大运河，成为中国传统社会后期的重要经济命脉。

由李渊建立的唐朝是继隋朝之后的又一个大一统的王朝，也是当时世界上最强盛的国家之一。唐朝统治了289年。唐太宗励精图治，开创贞观之治。唐高宗时，唐朝的版图达到极盛。武则天统治时期，国家继续稳步前进。唐玄宗统治初期，又迎来了开元盛世。但到了唐玄宗后半期，朝政腐败，地方藩镇势力崛起，打破了唐朝稳定的政治格局。安史之乱后，出现了牛李党争、宦官专权、藩镇割据等现象。黄巢起义最终将唐朝推向了灭亡。

昭陵六骏之青骓

唐太宗李世民开创了唐初的贞观之治，国家政治清明，百姓安乐，外服四夷，万国来朝。太宗死后葬在昭陵，大臣们把他生前喜爱的6匹马的形象做成石刻，永远陪伴在他的左右。这6匹马被称为昭陵六骏，是太宗一生赫赫战功的鲜活体现。

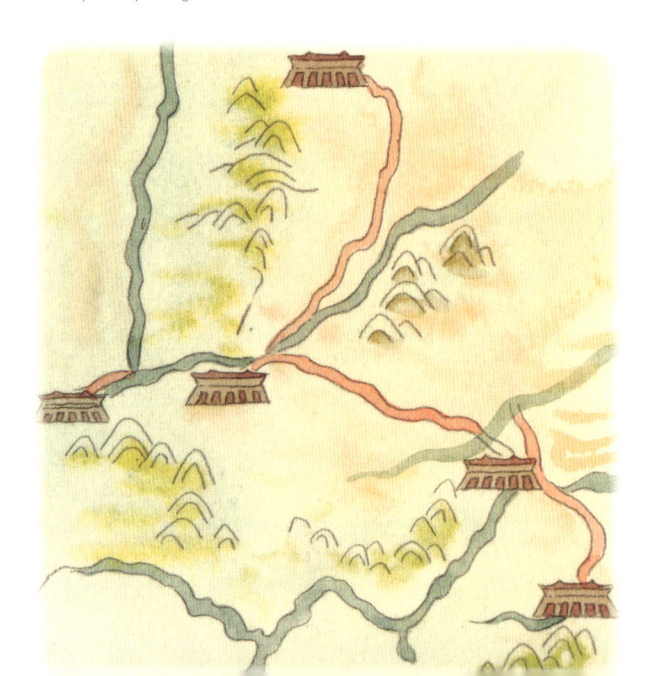

大运河

隋文帝、隋炀帝相继修建大运河，包括广通渠、山阳渎（邗沟）、通济渠、永济渠、江南运河。隋朝修建大运河的目的是保证漕运、军事作战的顺利进行，具有十分重要的政治、军事、经济意义。

民族关系空前融合

由于唐朝具有很高的威望和强大的吸引力，唐朝政府又重视边疆地区的巩固和发展，因此这个时期边疆的少数民族与中央政府的关系十分密切。

居住在青藏高原上的吐蕃（bō）人首领松赞干布向唐太宗提亲，唐太宗欣然答应松赞干布的请求，把文成公主嫁给了他。文成公主随身带了许多嫁妆，包括多种蔬菜种子、精致的手工艺品，还有医药和生产技术方面的书籍。她还带去一大批会酿酒、造纸、织布的能工巧匠。这么一来，唐朝先进的文化就传入了吐蕃，促进了吐蕃的发展。

文成公主入藏

文成公主入藏时，带去了大量物品，有锦帛珠宝、生活用品、医疗器械、生产工具、蔬菜种子，还有经史、诗文、工艺、医药、历法等书籍，促进了吐蕃的经济文化发展，加速了民族融合。

唐朝与邻国关系融洽

沿海的广州、泉州、明州（今浙江宁波）都是唐朝重要的对外港口，从这些港口出发的商船可以到达朝鲜半岛、日本、南洋各国、天竺，甚至波斯湾。

唐太宗在位期间，高僧玄奘西行去天竺学习佛法。他历尽艰险，带回大量的经书。为了保存这些珍贵的经书，玄奘主持修建了大雁塔，并在大慈恩寺内翻译佛经。他还把这次取经途中见到的风土、人情、物产、宗教、传说等，写成了《大唐西域记》。这本书成为研究中古时期中亚、印度半岛的宝贵资料。小说《西游记》就是依据玄奘西行取经的故事改编的。

唐朝还有一位高僧，名叫鉴真，他应日本僧人的邀请，东渡日本。他把佛教的戒律、佛寺建筑和佛像雕塑艺术传到日本，还教日本人用草药治病。日本人非常尊敬他，现在奈良唐招提寺中还供奉着他的木坐像。

日本人特别崇拜唐朝的先进文化，曾19次派遣"遣唐使"和大批留学生来唐朝学习。日本的文字就是参照汉字的草书和楷书的偏旁创造的。日本人的饮食习惯、服饰风格、生活习俗依然保持着很多唐朝的风尚。

唐代陶骆驼载乐舞三彩俑

这件三彩陶器，由一峰骆驼和5个胡人组成。骆驼昂首挺胸，4个胡人坐在骆驼上，演奏着乐器。还有一人站立着，像在唱歌跳舞。这件陶器是唐代中外文化交融的重要见证。

唐代螺钿紫檀阮咸

这件乐器可不是现代的，而是地道的唐代乐器原物，是日本人把它从中国带到日本的，一直被收藏在日本的正仓院。自7世纪至9世纪末的200余年间，无数使者将中国的制度与文化带回日本。日本正仓院所藏400余件唐朝文物，就是中日文化交流的见证。

《玄奘取经图》——榆林窟第3窟〔西夏〕

《西游记》的故事家喻户晓，那么你知道中国最早的唐僧和孙悟空的形象是什么样的吗？答案就在这幅壁画里。这是敦煌榆林窟第3窟壁画中的《玄奘取经图》，描绘了玄奘和他的侍从在取经途中遇到苦难，祈求佛祖保佑的场景。唐僧后面的那个随从像不像孙悟空呢？这是西夏时人们心目中的玄奘取经的场景，这个形象直接影响了吴承恩对《西游记》的创作。

大秦景教流行中国碑

明天启年间，大秦景教流行中国碑在西安出土，现藏西安碑林博物馆。唐朝后期这通石碑在长安大秦寺落成，它记载了景教传入唐朝的情况。碑阳及两侧刻有古叙利亚文僧侣名，碑额上有十字架。这通石碑反映了唐代与当时西方的重要文化交流历史。

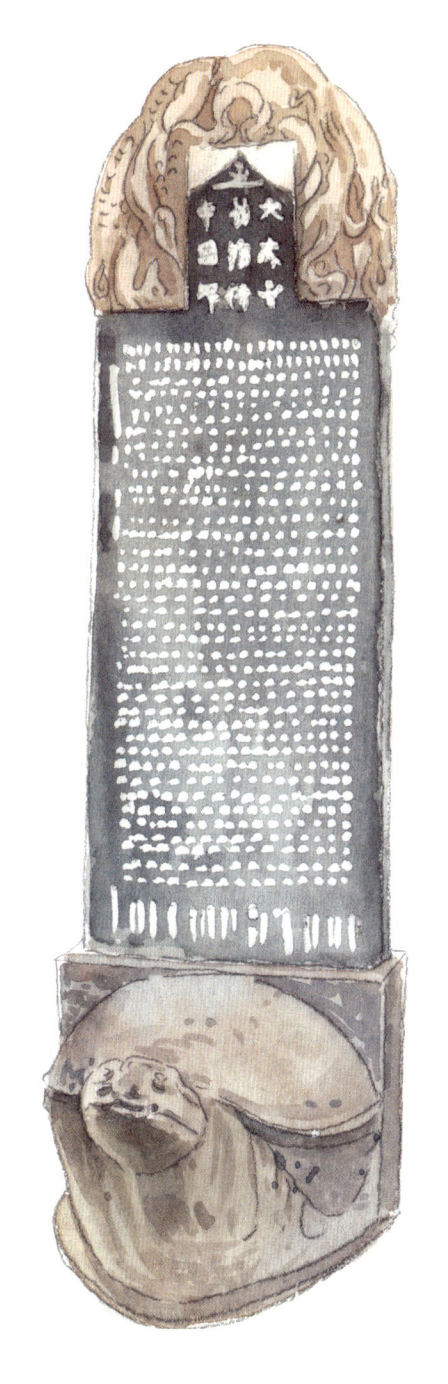

盛世长安的城市生活

唐朝都城长安是当时世界上最大的城市，也是人口最多的城市。长安城内南北有 11 条大街，东西有 14 条大街，把居民居住区划分成了 108 坊。居民生活在里坊里，每个里坊都由封闭的坊墙围起来，只有一个坊门作为出口。唐朝实行宵禁制度，到了晚上，每个坊门都必须关闭，人们不能在街道任意行走。

唐朝的长安城已成了一座名副其实的国际大都市。丝绸之路上外国商旅络绎不绝，长安的街道和集市自然有很多外国商人的身影。在长安城的西市里，人们不仅可以吃到外国的美食，还可以看到外国的杂技和魔术表演，甚至能观看外国戏剧。走在长安的大街上，看到各种奇异的服饰和发饰，听到各国的语言，都不是新鲜事。

长安

唐朝长安是中国古代历史上最大的城市,人口超过百万。长安城内朱雀大街横贯南北,是长安城的中轴线,宽约150米,将长安城分为东西两个部分。唐朝生活区和购物区是完全分开的。东市和西市属于专门的购物区。

唐朝的诗歌

唐朝是我国古典诗歌艺术的黄金时代，光是有名有姓、有作品流传下来的诗人就有2000多位，他们创作的诗歌近5万首。唐代最杰出的诗人是李白、杜甫和白居易。

李白的诗热情豪放，气势磅礴，充满对祖国壮丽山河的热爱和赞美，而且想象丰富奇特，因此人们称其为诗仙。杜甫的风格与李白不同，他的诗沉郁雄浑，深刻反映社会矛盾和现实生活，对人民的痛苦描述得极其生动，人们称之为诗史。白居易的诗通俗易懂，他写完诗总要念给街上不识字的老婆婆听，听不懂的就再改，改到老婆婆完全听懂为止，所以他的诗在民间流传很广。

唐朝的天文学

唐朝的天文学家一行和尚，通过观察，发现了恒星位置移动的现象，这比英国天文学家哈雷提出恒星自行的观点早了将近1000年。他还修制新历，取名《大衍历》，是当时比较先进的历法。

唐朝的医学

唐代医学有很大的发展，名医辈出，其中最杰出的是孙思邈。他总结了唐以前历代医家的医学理论和治疗经验，收集方剂近万帖，被后世尊称为药王。

文物里的大唐气韵

大唐的气韵不仅仅停留在诗句里，更铸就在精美绝伦的工艺品、尊严的雕像、恢宏的壁画中。这些珍贵的文物不仅彰显出了唐朝文化、艺术、科技的高度，还展现了丝绸之路带来的文化交流。

鎏金银捧真身菩萨像

唐懿宗崇信佛教，他曾经迎送法门寺的佛指舍利到皇宫供奉。这件鎏金银捧真身菩萨像就是为那次迎送舍利的仪式而制作的。这件工艺品雕刻极其精致，全身珠光宝气的菩萨跪在莲花台上，双手捧着一个小盘，上面放着祈福的发愿文。一件工艺品便可以充分反映唐朝佛教的繁盛景象。

镏金双蜂团花纹镂空银香囊

这是唐代的一种香囊，制作得非常精美。它出土于陕西宝鸡法门寺地宫，通体镂空，分为上下两个半球，下半球里面有以两个同心圆组成的持平环，套接香盂。无论囊体如何转动，香囊始终保持着水平，就像航海用的陀螺仪。

敦煌莫高窟第 45 窟

在这个石窟里，左壁（南壁）画的是观音经变，右壁（北壁）画的是观无量寿经变，前壁（东壁）的门两侧壁画的是观音、地藏菩萨像等。最精彩的是窟龛里的塑像，是盛唐雕塑艺术的精品。这些佛教造像现存七身，以佛像为中心，按身份等级侍列成对弟子、菩萨、天王，当你走进石窟，便能获得奇妙的艺术体验。

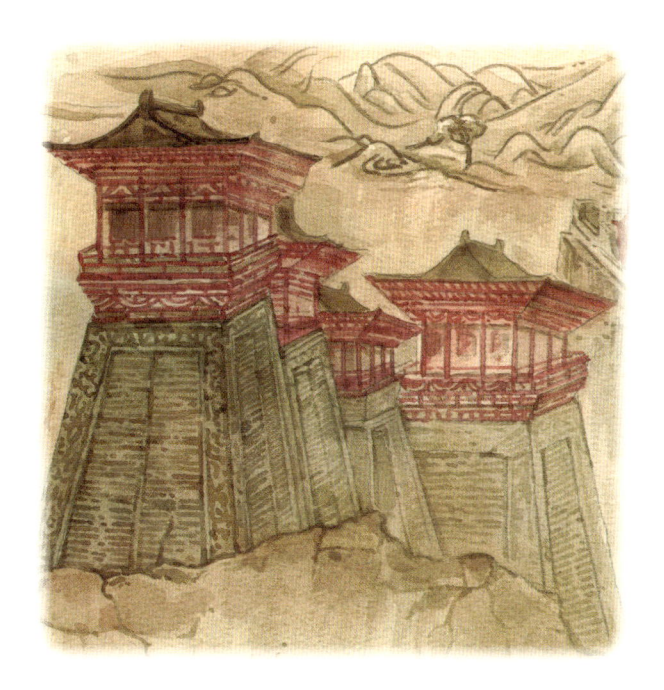

懿德太子墓壁画《阙楼仪仗图》（局部）

这幅壁画 1971 年发掘于唐懿德太子墓。全图左右分别由青龙、白虎引领，三出阙楼高耸，仪仗威武，颜色以艳红的赭色为主，绿色为辅，红、黄、青色点缀其间，画面感逼真，体现了盛唐时期绘画技巧的高超水平。

· 科技文明的高峰 ·

民族融合的宋、辽、西夏、金、元

强盛的唐王朝覆灭后，中国再次陷入了分裂局面，史称五代十国。大宋王朝的崛起使中国再次回归一统。与此同时，在中国的北方，又出现了辽、西夏、金、元等少数民族政权。在各个政权的互相兼并中，中国再次分裂。最终，由元朝完成了统一。宋、辽、西夏、金、元诸政权，再次促进了民族大融合，使科技文化的发展达到了又一高峰。

两宋与北方民政政权的和战

960年，赵匡胤通过陈桥兵变建立了北宋王朝。至宋太宗时，结束了五代十国的分裂局面，中国复归于一统。北宋中期存在很多问题，即使经历庆历新政、王安石变法也无法扭转局面。虽然北宋的政治、军事发展不顺，但内部和平与商品经济的高度发展却使宋朝的经济迅猛增长，人口及生产水平超过唐朝，经济重心逐渐南移，城市进一步商业化，科技文化也十分发达。北宋末年，金朝入侵，徽宗、钦宗被俘，北宋灭亡。1127年，康王赵构建立南宋。南宋与金南北对抗，虽偏安一隅，但经济上十分繁荣。1279年，南宋被元朝灭亡。宋朝一共统治了319年。

916年，契丹贵族耶律阿保机建立了契丹国，后改名辽。辽与宋进行过很多次大战，但澶渊之盟后双方保持了中国北方民族政权与汉族政权之间罕见的长期和平共处。

1038年，党项族李元昊自称皇帝，建立大夏，史称西夏。西夏是北宋西北的劲敌。西夏王朝文化发达，创立了自己的文字——西夏文。1227年，西夏被蒙古灭亡。

1115年，女真人完颜阿骨打称皇帝，定国号金。其后灭辽和北宋。1234年，金朝在南宋和蒙古国南北夹击下灭亡。

元朝的政治进程

元朝统一全国，结束了中国300多年的分裂状态，推动了统一的多民族国家的发展。元朝是中国历史上第一个由少数民族建立的全国性政权。它采用了汉族制度，但也保存了许多蒙古旧制。

元朝在地方实施行中书省制度，简称行省。元大都和周围地区由中书省直辖，其他地区则划为

10个行省。各省长官统领域内一切军政大事，具有极大实权。行省之下，设路、府、州、县。省的名称一直沿用到现代。元朝对西藏也进行了有效的管辖。西藏从此正式成为中国的一部分。元朝设立澎湖巡检司管辖澎湖与台湾地区。这是中国政府在台湾地区正式建立的行政权力机构。

元朝的经济文化在特定历史条件下有很大发展，对外关系和文化交流尤其发达，呈现出一种开放性特征。然而因为阶级矛盾和民族矛盾交织在一起，使元朝不能保持长期的稳定，赋敛苛繁、政治腐败使统治基础日见动摇。1368年，元朝被农民起义推翻了。

绘画

宋朝绘画是中国绘画艺术发展的高峰。绘画中有千里江山、世间百态，也有滔滔历史和故事。宋朝的翰林图画院是中国历史上第一个有据可考的官方画院。画院除了聚集着优秀的画师，还有许多天赋异禀的学生。著名画作《千里江山图》的作者，年仅18岁的王希孟当时就是翰林图画院的学生。

元朝绘画中，文人画占据画坛主流。因元朝未设画院，画家大都是身居高位的士大夫和文人。他们的创作比较自由，作品多表现自身的生活环境、情趣和理想。另外，元朝壁画的盛行，也给一大批民间画工提供了施展才艺的舞台。

《清明上河图》

这是北宋画家张择端创作的一幅风俗画，描绘了北宋都城汴京（今河南开封）的城乡风光。画卷有5米多长，内容分3部分：宁静的郊外、繁忙的汴河和繁华的京城。整幅图描绘了800多个人物，每个人都在做自己的事，每个人都有自己的故事，极具戏剧性，它向人们展示了北宋都城的生活景象。

《元世祖出猎图》

这幅画中的人们在做什么？他们在打猎。画面正中心骑着黑马、穿着红衣白裘的人是元世祖忽必烈，画家描绘出元世祖与侍从射猎的场景。这幅画是元代画家刘贯道的作品。画中的人物服饰最接近当时的原貌，是了解元代服饰的重要依据。

瓷器

宋代瓷器艺术达到了历史的高峰，汝窑、官窑、哥窑、钧窑、定窑五大名窑诞生了。定窑有最好的白瓷品种，汝窑以烧制青瓷而闻名。但北宋灭亡后，汝窑消失了。随着宋王朝颠沛南迁，官窑烧制的瓷器釉质为粉青色、有裂纹。哥窑的瓷器看上去就像由"碎片"拼出来的。钧窑瓷器釉色斑斓，艳丽绝伦。

青花瓷是元代瓷器的典型代表，在当时是备受世界推崇的奢侈品，现在中东、欧洲很多国家博物馆里仍然收藏着元代青花瓷。

汝窑青釉洗

汝窑在今河南宝丰，当时为北宋宫廷烧制瓷器，是宋代名窑中传世品最少的。这件青釉洗呈淡淡的天青色，且色调稳定。

哥窑鱼耳瓷炉

宋代哥窑瓷器独有的特色便是布满大小不一、疏密有致的裂纹。这个瓷炉是一件哥窑的仿古器。

官窑青釉贯耳瓷瓶

这是一件用于礼仪活动的官窑器物。外形仿照投壶式样设计，颈部有对称的贯耳。

钧窑玫瑰紫釉瓷花盆

钧窑瓷器色彩艳丽又变幻莫测，烧之前谁也不能确定它会呈现出什么颜色，这件瓷花盆应该是官钧窑里出产的专供皇家使用的器物。

定窑白釉孩儿枕

这个可爱的小孩其实是一个枕头，它是定窑的杰作。瓷枕在唐宋元时期的社会上层非常流行，它既是工艺品，又是实用的生活用品。人们把瓷枕做成一个趴在榻上小孩的形象，小孩的背部正好可以枕着。孩儿枕既亲切，又可爱，这真是古人的巧妙发明啊。

元影青釉镂空广寒宫瓷枕

这件瓷枕是景德镇窑的代表作品。瓷枕的整体形制是一座殿堂建筑，枕面是建筑的屋顶，而在屋顶下面用透雕的技法雕刻出建筑的细节和建筑中的人物。这类瓷枕的题材很多，反映出元代制瓷工艺的高超水平。

元景德镇窑青白釉水月观音菩萨像

这尊瓷观音像是元代的瓷器珍宝，是景德镇窑的代表作品。观音菩萨头戴华冠，面部丰满圆润，两耳垂肩，右腿屈起，立在座上，右臂放在右膝上，悠闲从容。瓷器整体上釉色青绿肥厚，精巧非凡。

三大发明的完善

宋代科技的新成就,突出地表现在印刷术、指南针和火药三大发明的完成和发展上。

最初,书都是人们抄写出来的。隋唐时开始了雕版印刷,就是在木板上刻好整页书的内容,涂上墨往纸上一印,这样比手抄快,可是每印一本书都得刻一大堆木板。北宋毕昇(shēng)发明了活字印刷术,他把胶泥做成小方块刻上字,再用火烧成陶字。印书时,拿一块铁板,敷上松脂、蜡,再把陶字排在铁板上,用火一烤,等松脂和蜡再次凝固,陶字就被固定在铁板上,成为活字版。印完一版后可以把陶字拆下

来再排另一版，既经济又省事。后来人们用锡、木、钢、铅等材料做成活字，活字印刷术才越来越完善。毕昇发明的活字印刷术比欧洲人早近400年。

在北宋，指南针的使用已很普遍，当时人们已掌握了利用天然磁体进行人工磁化的技术。人造磁铁的磁性比天然磁体要稳定得多。同时，在指南针装置上也有很大的改进，将磁针穿在灯芯草上浮于水面或放在指甲上、放在碗沿上、悬在丝线上。著名科学家沈括还发现磁针所指方向"常微偏东，不全南也"的现象。这是关于地磁偏角的最早记载。

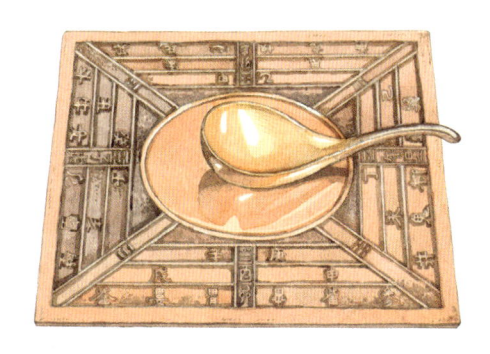

宋代随着采矿、冶金等行业的发展和抗击辽、西夏、金战争的频繁，火药、火器的制造技术也提高到了一个新的阶段。到了南宋，人们发明了管状火器。

突火枪

1259年，宋军和蒙古军在淮河一线作战，寿春府（安徽寿县）军民创造了一种叫"突火枪"的火器，在竹筒内放置火药后再安上子窠，用火药的力量把子窠射出去，子窠类似子弹，用石子、铁块等制成。这是世界上最早的原始步枪。

沈括与《梦溪笔谈》

《梦溪笔谈》是北宋科学家沈括的名著。在这本书中，作者总结了中国古代，特别是北宋时期自然科学所达到的辉煌成就，并对很多问题提出了自己精辟的见解，内容涉及天文、数学、物理、化学、生物、地质、地理、气象、医药和工程技术等十分广泛的领域，受到国内外科学家的高度重视和赞扬，被誉为中世纪的百科全书。

元朝的科技成就

元世祖重视农业发展，派当时的大司农司搜罗古今农书，采集民间生产经验，编成《农桑辑要》颁发全国，对指导农业生产起了很大作用。当时比较重要的农学著作还有王祯的《农书》。

棉纺织业成为元代的新兴手工业，劳动妇女黄道婆为棉纺织技术的迅速发展，做出了巨大贡献。

旧式筹算已不适应速算的需求，于是在改革古代筹算的基础上，元朝产生了珠算。

元朝最著名的天文学家是郭守敬，他在宋朝《统天历》的基础上，完成了对历法的改造，并将新历命名为《授时历》。郭守敬制定的《授时历》以365.2425日为一年，和地球绕太阳的周期相比只差26秒，同现在世界上公用的阳历（格里高里历）一年的周期相同。

宋词

两宋时期，中国文学的主流是词。词类似于现在流行歌曲的歌词。在宋代，不但宫廷内设有"教坊"，在较大的城市中都有歌楼伎馆，有些贵族豪绅的家里也有歌伎舞女，这为宋词的发展提供了条件。宋代有很多有名的词人，比如苏轼、辛弃疾、李清照。

苏轼就是苏东坡。他是北宋的大文学家，不光词写得好，诗歌、散文、书法等方面的成就也很突出。他的词风豪放雄壮，比如他凭吊三国"赤壁之战"的大场面时写的那首《念奴娇·赤壁怀古》，多么有气势啊！

南宋的辛弃疾继承和发扬了苏轼豪放雄壮的风格。

李清照是宋代的女词人，她的词委婉含蓄，风格清新。

元曲

由元杂剧和散曲组成的元曲成为元朝文学的主流。元朝时期元杂剧兴盛。杂剧演员表演时，除了念白和动作外，主要是唱曲，有大批剧作家从事剧本和曲词的写作，其中最著名的有关汉卿和王实甫。元杂剧最具代表性的作品就是关汉卿的《窦娥冤》和王实甫的《西厢记》。

在南方，南戏被称为传奇。杂剧、散曲和南戏（传奇）是中国宝贵的文化遗产，对后来戏剧文学的发展和许多地方戏曲、剧种的兴起，都产生了深远的影响。

《窦娥冤》

关汉卿一生勤奋写作，他最为著名的代表作是《窦娥冤》。《窦娥冤》以窦娥一生的悲惨命运，深刻地揭露了黑暗的社会现实，展现了窦娥由顺从命运到反抗社会的心路历程。《窦娥冤》演出后，引起强烈反响。"窦娥"这个形象，成为元朝被压迫、被损害的妇女的代表，成为社会底层勇于抗争的女性的典型。

· 走向世界的中华文明 ·

经济文化繁荣的明朝

经历元朝常年战乱后，明朝开始着重发展经济，生产力的发展和分工的细化使得明中期商品经济的发展超过了以往任何时期。对外交流方面有著名的事件——郑和下西洋。文化方面，明朝时期出现了我国最大的一部类书《永乐大典》（22877卷），我们目前熟知的四大名著有三部是在明朝完善或完成的。明朝在医学科技方面的成就同样令人瞩目，这一时期的许多重要著作都堪称各个学科领域的扛鼎之作。

明成祖修建北京城

1368年，维持了98年统治的元朝被农民起义推翻了。起义军领袖之一朱元璋建立明朝，定都应天府（今南京）。朱元璋就是明太祖。明太祖把24个儿子都分封到各地为王。驻守北京地区的燕王朱棣智勇双全，野心极大。明太祖死后，朱棣发动"靖难之役"，一直打到应天府，夺取了皇位。明成祖朱棣即位后决定迁都北京。迁都之前，他花了三年多的时间，对北京进行了大规模的营建。建成后的北京城分为里外三重，最外面是京城，周围被坚固高大的城墙和护城河环绕着，有9座城门；京城里的街道笔直宽阔，城北矗立着钟楼和鼓楼。中间是皇城，有皇家花园、寺庙、作坊等。最里面是宫城，就是皇帝居住的紫禁城，也就是现在的故宫。

明朝统治了276年，是继元朝以后的又一大一统的王朝。1644年，李自成率领农民起义军攻入北京，明朝灭亡。李自成下令放火烧了北京城内的部分建筑。

紫禁城

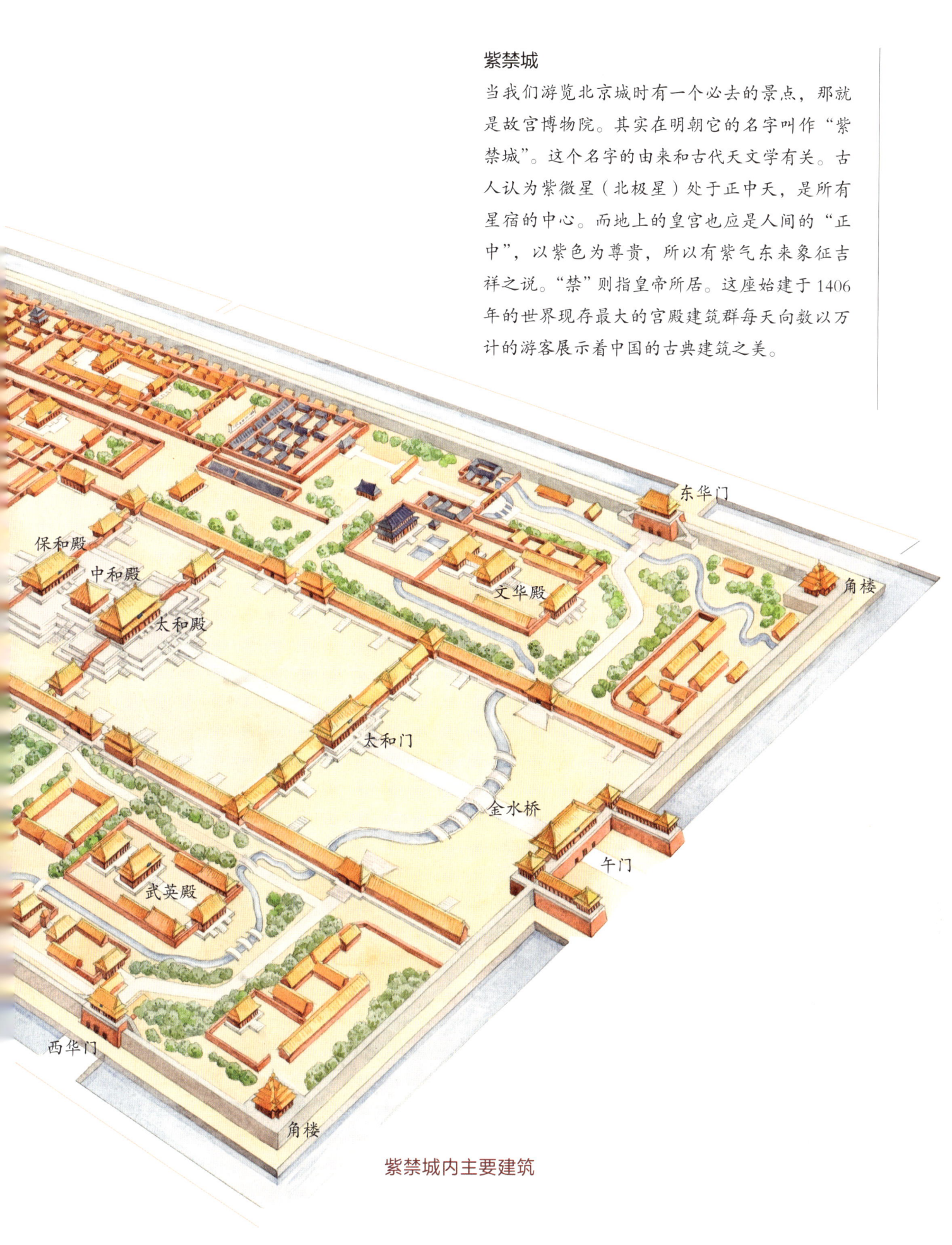

当我们游览北京城时有一个必去的景点，那就是故宫博物院。其实在明朝它的名字叫作"紫禁城"。这个名字的由来和古代天文学有关。古人认为紫微星（北极星）处于正中天，是所有星宿的中心。而地上的皇宫也应是人间的"正中"，以紫色为尊贵，所以有紫气东来象征吉祥之说。"禁"则指皇帝所居。这座始建于1406年的世界现存最大的宫殿建筑群每天向数以万计的游客展示着中国的古典建筑之美。

紫禁城内主要建筑

郑和下西洋

明朝时期的中国是当时亚洲的一个强大的国家。它在政治、经济、文化等方面都对周边的国家产生了巨大的影响。明朝对外交流的巅峰时期就是郑和 7 次下西洋。从 1405 年到 1433 年的 28 年间，郑和船队到达过包括今天的越南、柬埔寨、泰国、马来西亚、印度尼西亚、斯里兰卡、印度等 30 多个国家，最远到达了非洲东岸和红海海口。

郑和最后一次出使的船队共有 27000 多人，乘坐 63 艘大船，其中最长的船长约 150 米，宽 60 米，有 9 根桅杆和 12 张帆，大约可以容纳 1000 人。这是当时最大的船。郑和每次出航都会满载金银、丝绸、瓷器等在当时炙手可热的商品。同时在返航的时候也会带来途经各国的特产，不仅有奇珍异宝，更有珍禽异兽。郑和下西洋在加强中国与周边各地联系的同时，也开阔了中国人的视野。

后桅

后帆

船艉

船舷

主桅

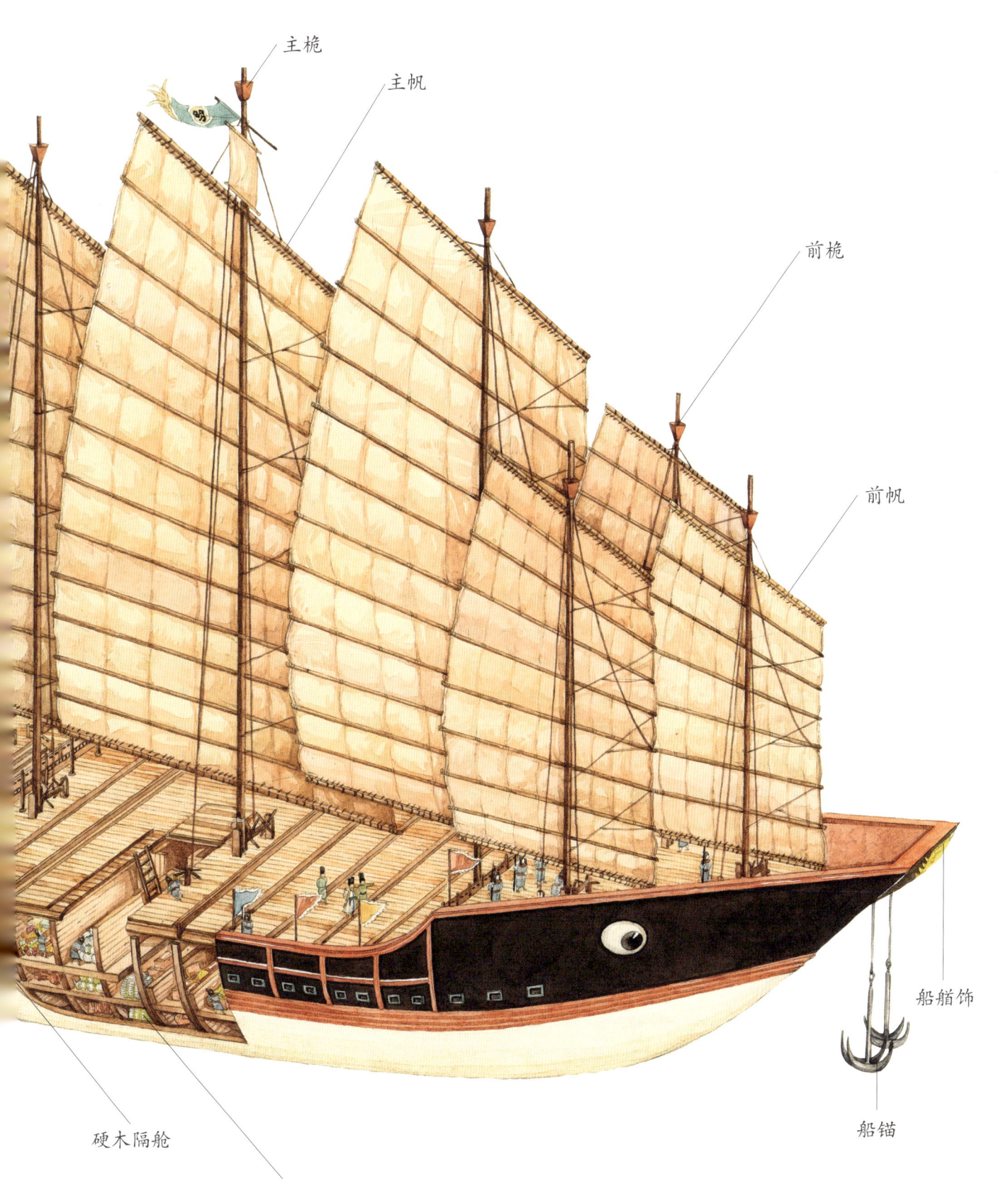

主帆

前桅

前帆

船艏饰

船锚

硬木隔舱

丝绸、瓷器、珠宝等货物

郑和宝船复原图

郑和宝船是郑和船队中最大的海船，是郑和船队中的主体，也是郑和率领的海上特混舰队的旗舰。

戚继光抗倭

明朝中期，东南沿海一带经常有倭寇劫掠中国的商船，掠杀中国沿海的居民，于是沿海人民纷纷拿起武器，保卫家乡。在这些人中以戚继光领导的戚家军最为英勇，战斗力最强。戚家军在抗倭战斗中战术灵活，军纪严明，多次以少胜多，给倭寇以歼灭性的打击，保障了东南沿海地区人民的生命财产安全。

戚继光
戚继光不仅是民族英雄，也是杰出的兵器专家和军事工程家，他改造和发明了多种火攻武器，还建造了大小战船、战车，并在长城上修建空心敌台。

明朝的文化

明朝中后期，在医学和科学领域都出现了许多对后世影响深远的著作。医学方面最为突出的成就是李时珍的《本草纲目》。李时珍刻苦钻研医书，他花费30多年时间，对前人鉴定过的1500多种药物重新进行了精密的审核，并增加了300多种新药，写成了《本草纲目》。《本草纲目》把我国药物学研究提高到了一个新的水平，在世界药物学发展史上占有重要地位。

徐光启的《农政全书》保存了历代以来的农业科学资料，同时也反映出明朝当时的农业生产水平。宋应星的《天工开物》除了介绍一般的农业生产经验，更加着重介绍各种手工业的生产技术。《徐霞客游记》则以文学家的笔触详细记录了中国历史上第一"驴友"对云贵川广等地区的考察。

《水浒传》、《三国演义》和《西游记》这三大名著最流行的版本都是在明朝时期完善或完成的。

郑成功收复台湾

1661年，郑成功率将士数万人，在台湾登陆。在台湾人民的协助之下，次年，他们赶走了占据台湾30多年的荷兰殖民者，成功收复了台湾。郑成功还鼓励大陆农民到台湾开垦荒田并向当地的高山族传播先进的生产技术，加速了台湾地区的社会经济发展。

· 中华文明的转折点 ·

由盛而衰的清朝

清朝是中国历史上的最后一个封建王朝。在清朝统治的 276 年中，既经历了前期平定南北、统一中国的辉煌，有着"康乾盛世"的繁华，也有因闭关锁国、因循守旧给中华民族带来的耻辱。经历了由盛转衰的曲折，中华文明出现了重大转型，逐步走上近代的发展道路。

清朝的政治

正当明末农民起义军和明朝统治势力斗争激烈之时，在东北由女真贵族建立的政权正在逐步崛起。1616 年，努尔哈赤建立政权，史称后金，其子皇太极继位后改国号为清。1644 年清军入关，逐渐占领全国各地，建立了统一的多民族王朝。

清朝统治者通过八旗制度和满蒙、满汉联姻等手段，在维持满族特权的基础上继续强化专制主义中央集权体制。在逐渐平定南方反抗力量之后，清政府又开始了大规模的开疆辟土之战，对内平定了漠北蒙古准噶尔部叛乱和天山回部叛乱，加强了对西藏、贵州地区的统治；对外展开雅克萨之战，稳定了中俄边界。在康熙、雍正和乾隆时期，清朝经济富足，人口繁盛，版图辽阔，社会相对稳定，是大清帝国的鼎盛时期。

但是嘉庆、道光时期后，社会危机四伏，帝国的统治逐渐衰落。同时，由于专制体制的压迫，天朝上国思想的束缚，社会发展日益僵化，开始落后于世界。

《红楼梦》

《红楼梦》是中国古典四大名著之一（前80回由清朝伟大的小说家曹雪芹创作，后40回一般认为系高鹗所续）。小说塑造了成群个性鲜明的人物，有名有姓的人物就有480多个，它是中华文化史上一部伟大的著作。

《四库全书》

乾隆时期，清朝政府选派以纪昀为代表的160余位著名学者，共同编辑《四库全书》。这套丛书分经、史、子、集4类，共收书3460多种79300多卷（文渊阁本）。丛书中保存了大量珍贵文献，历时10年编辑完成，是对中国古代文化进行的一次最系统、最全面的总结。

京剧

被称为中国"国粹"的京剧就是在清朝诞生的。1790年，当时深受欢迎的四大徽班被征召入京给乾隆皇帝祝寿。进京后的四大徽班与本地其他剧种经过五六十年的相互融合，形成了一个新的剧种，它就是今天我们所熟知的京剧。后来京剧因为粉丝数量巨大、剧目层出不穷、演员阵容庞大又各具绝活，逐渐被奉为中国戏剧之冠。

鸦片战争

英国工业革命之后，大量过剩的产品在准备倾销中国时受阻。英国不甘心失去中国这么大的市场，于是纵容英国东印度公司在中国销售鸦片。在巨大的利益诱惑下，中国东南沿海地区的鸦片走私贸易极其猖獗。鸦片的涌入不仅严重损害了中国人的健康，也导致了白银大量外流，使得物价疯涨、商业停滞。鸦片的危害已经波及清朝的各个阶层。为此，道光皇帝派林则徐到广东查禁鸦片。1839年，林则徐在虎门海滩主持销烟活动并下令抵制英国鸦片贸易。因为禁烟运动损害了英国的在华利益，为了转嫁英国国内经济危机，更多地掠夺中国的资源和财富，1840年英国发动了侵华战争，史称鸦片战争。

虽然英军的侵略行为，遭到了中国人民的坚决抵抗，但是由于清政府腐败无能，一味妥协，英军用坚船利炮直取南京下关江面。最终清政府被迫同英国在南京签订了割地赔款、丧权辱国的《南京条约》，这也是中国近代史上第一个不平等条约。鸦片战争是中国遭受列强奴役的起点，标志着中国近代历史的开端。

虎门销烟

林则徐在虎门销烟，采取的是海水浸化法。他命人在海边深挖两个大水池，为防止鸦片渗流，在池底铺上石头，四周钉上板子，再挖一条水沟，销烟时将盐水从水沟引入池中，然后将烟土倒入盐水中浸泡半日，再往池中投入生石灰。生石灰遇水发生反应，将烟土溶解。兵士用木耙在池中不停搅拌，尽量将烟土完全溶解于水中。待退潮时，让池中的水随潮水一同流到海中，再用清水洗刷池底，去除残余。

· 中华文明再出发 ·

辛亥革命的浪潮

在列强入侵和本土专制体制落后的背景下,晚清时期出现了民主革命思潮。革命派成立了同盟会,制定了革命纲领,推动了民众革命浪潮的高涨,最终爆发了辛亥革命。清王朝被推翻,长达2000多年的帝制时代由此结束。

爱国革命政党的成立

在晚清民众革命的浪潮中,各地纷纷成立爱国革命团体。孙中山建立了兴中会,后来又倡议各革命团体联合起来,组成统一的组织,领导全国的民主革命运动。1905年,兴中会、华兴会、光复会联合成立了中国同盟会。中国同盟会成立大会上推举孙中山为总理。后来,孙中山将同盟会的纲领概括为民族、民权、民生三大主义,这就是资产阶级民主革命时期的"旧三民主义"。

孙中山

孙中山(1866—1925),名文,字德明,号日新,后改逸仙,是中国近代民族民主主义革命的开拓者,中国民主革命伟大的先行者,中华民国和中国国民党的缔造者,三民主义的倡导者,创立《五权宪法》。

武昌起义

中国同盟会成立后,革命派发动了一系列的武装起义。在中国同盟会中部支部的帮助下,湖北两个团体正式联合,成立了统一的起义领导机构,并决定于1911年10月11日发动起义。由于起义计划暴露,10月10日,革命党在没有统一领导的情况下,决定当晚起义。起义军一夜之间占领了武昌城,取得了胜利。此后,驻汉阳、汉口的新军先后起义,武汉三镇全部光复。

武昌起义胜利后,成立了湖北军政府,改国号为中华民国,并号召各地的民众纷纷响应,拉开了辛亥革命的序幕。

辛亥革命

　　1911年爆发的中国反帝反封建的资产阶级民主革命，因该年是以天干地支纪年的辛亥年，因此又称辛亥革命。它是在清王朝日益腐朽、帝国主义侵略进一步加深、中国民族资本主义初步成长的基础上发生的，其目的是推翻清朝的封建专制统治，挽救民族危亡，争取国家的独立、民主和富强。领导这次革命的是中国资产阶级的政党——中国同盟会及其领袖孙中山。

　　辛亥革命虽然推翻了延续2000多年的封建帝制，但并没有使中国完全摆脱半殖民地半封建的状态。

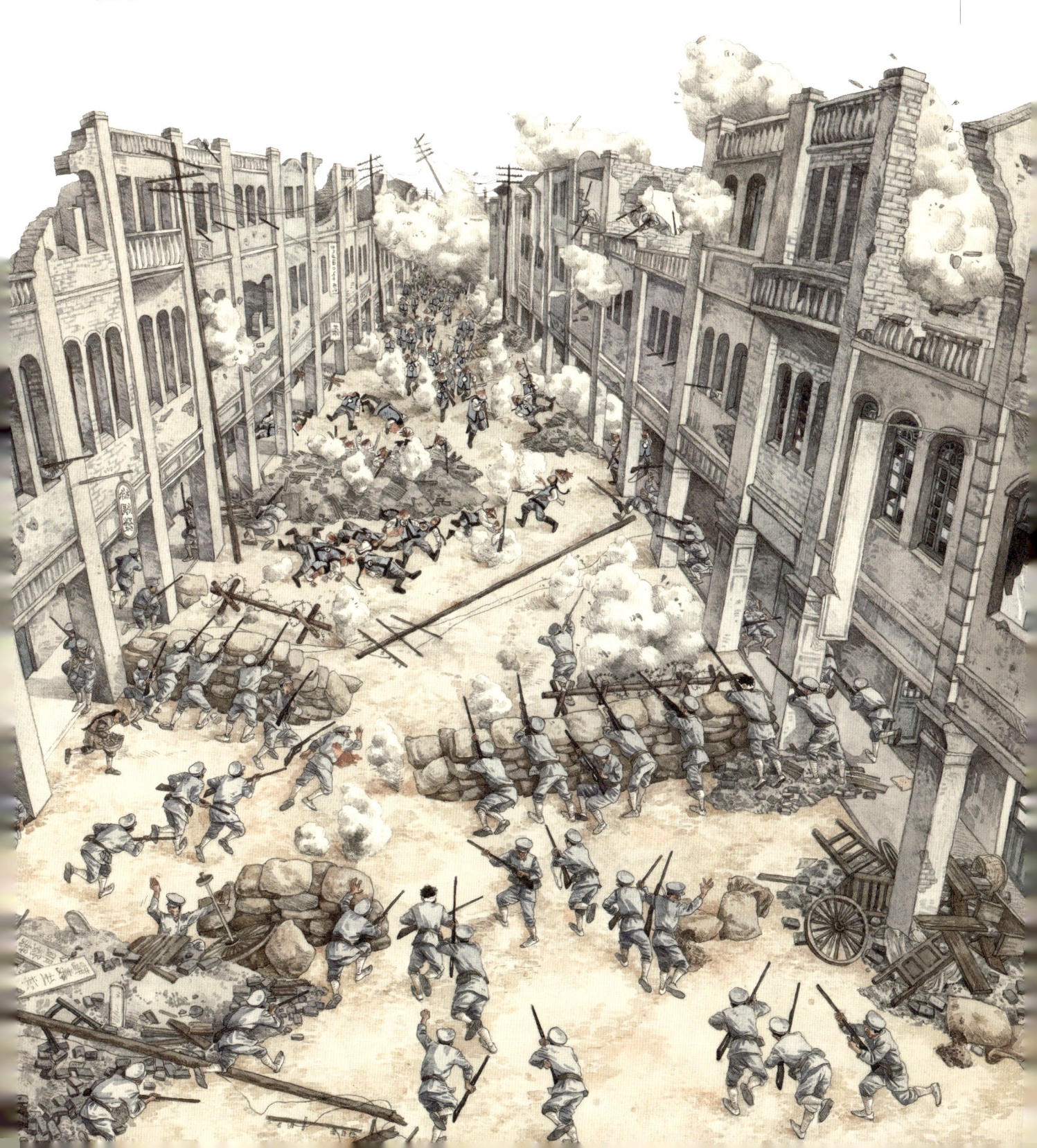

这些文物收藏在哪些博物馆里？

人面鱼纹彩陶盆

后母戊鼎

中国国家博物馆

定窑白釉孩儿枕

故宫博物院

商双面神人青铜头像

江西省博物馆

错金银虎噬鹿屏风座

河北博物院

越王勾践剑

湖北省博物馆

豕形铜尊 　　　　　　　四虎铜镈

湖南博物院

《竹林七贤与荣启期砖画》

子仲姜盘

南京博物院

兽面纹龙流盉

上海博物馆

乳钉纹铜爵 　　镶嵌绿松石兽面铜牌饰

洛阳博物馆　　**二里头夏都遗址博物馆**

青铜立人像　刖人守门鼎　虎座鸟架鼓

三星堆博物馆　宝鸡青铜器博物院　荆州博物馆

跪射俑　《元世祖出猎图》

秦始皇兵马俑博物馆　台北故宫博物院

书中其他的文物都在哪些博物馆呢，大家一起去博物馆找一找吧！